POUR LA VÉRITÉ
1914-1915

PUBLIÉES SOUS LE PATRONAGE DES SECRÉTAIRES PERPÉTUELS
DES CINQ ACADÉMIES

ÉMILE PICARD

DE L'ACADÉMIE DES SCIENCES

L'HISTOIRE DES SCIENCES
ET LES PRÉTENTIONS
DE LA SCIENCE ALLEMANDE

PRIX : 0 fr. 60 Librairie académique PERRIN et Cie

L'HISTOIRE DES SCIENCES

ET LES PRÉTENTIONS

DE LA SCIENCE ALLEMANDE

POUR LA VÉRITÉ

1914-1915

Etudes publiées sous le patronage des Secrétaires perpétuels des cinq Académies.

Les Allemands ont pris pour devise : L'Allemagne au-dessus de tout.

Nous ne répondons pas : La France au-dessus de tout.

Une seule devise est digne de la France : Au-dessus de tout, la vérité.

ETIENNE LAMY
Secrétaire perpétuel de l'Académie française

POUR LA VÉRITÉ

1914-1915

ÉMILE PICARD

DE L'ACADÉMIE DES SCIENCES

L'HISTOIRE DES SCIENCES

ET LES PRÉTENTIONS

DE LA SCIENCE ALLEMANDE

PARIS

LIBRAIRIE ACADÉMIQUE

PERRIN ET Cie, LIBRAIRES-ÉDITEURS

35, QUAI DES GRANDS-AUGUSTINS, 35

1916

L'HISTOIRE DES SCIENCES

ET LES PRÉTENTIONS
DE LA SCIENCE ALLEMANDE

En parlant ici de la science, nous avons uniquement en vue les sciences mathématiques, physiques et naturelles. Les admirables découvertes faites dans ces domaines depuis trois siècles ont été souvent citées comme exemples des progrès de la civilisation. Mais il faut éviter de graves confusions. Parmi les progrès de la civilisation, entendue au sens le plus large et le plus humain, figurent aussi les progrès de la moralité, et on ne doit pas oublier que la science et la moralité sont loin de progresser de pair, l'accroissement de la connaissance scientifique ne rendant pas nécessairement les hommes plus moraux. Ainsi le sentiment de l'honneur et le respect de la parole donnée n'ont pas de commune mesure avec la connaissance des lois relatives à la compressibilité des gaz et à l'action des aimants sur les courants électriques. Les sciences peuvent contribuer au bonheur et au bien-être de l'humanité ainsi qu'au soulagement de ses misères; mais elles sont aussi susceptibles de concourir aux fins les plus criminelles.

Ces constatations sont banales; les événements actuels permettent seulement de les faire une fois de plus et dans des conditions singulièrement étendues. Cependant, ceux qui croient le moins à une influence profonde de la culture scientifique sur la valeur morale aiment à penser que, au moins pour les savants qui la font progresser, la science est autre chose que l'outil de merveilleux service dont parlait Montaigne, et que l'habitude de la méditation constante sur ce que les Anglais appellent la philosophie naturelle incline l'esprit à la sérénité et aussi à la modestie, car le savant, plus que tout autre, doit connaître la grandeur de nos ignorances. Il est triste de constater combien sont nombreuses en Allemagne les exceptions à cette mentalité du véritable homme de science. Quel étrange spectacle que l'effroyable orgueil des savants d'outre-Rhin professant que, là aussi, l'Allemagne est *au-dessus de tout*.

La prétention de la science allemande à une supériorité universelle est-elle fondée ? Il y a quelques mois, l'Académie des Sciences de Paris rappelait que les civilisations latine et anglo-saxonne sont celles qui ont produit depuis trois siècles la plupart des grands créateurs dans les sciences mathématiques, physiques et naturelles, ainsi que les auteurs des principales inventions du dix-neuvième siècle, sans oublier d'ailleurs les contributions apportées par des nationalités moins étendues. Nous nous proposons, en jetant un rapide coup d'œil sur l'histoire des sciences, de montrer que, effectivement, la plupart des contributions essentielles, tant théoriques que pratiques, n'appartiennent pas à des savants ou inventeurs allemands. Nous chercherons aussi à analyser les causes des prétentions de la science germanique ; quelques-unes sont d'ordre philosophique, d'autres tiennent à une confusion entre le progrès réel de la science et l'accroissement du rendement scientifique. Peut-être aura-t-on l'impression que la part apportée par l'Allemagne est loin d'être en rapport avec le rôle qu'elle prétend jouer dans le monde.

I

A diverses reprises, l'Allemagne fut entièrement tributaire de la civilisation celto-latine. C'est ainsi que, dans l'antiquité, le Germain barbare est tributaire du Celte, et qu'aux douzième et treizième siècles la civilisation Germanique n'est qu'un prolongement de la civilisation Française[1]. Au moyen âge, les grands centres d'enseignement se trouvaient en France, en Italie, en Angleterre, et les maîtres réputés de cette époque, qui sont d'origine allemande, comme Albert le Grand, ont étudié et enseigné en France et en Italie. Au quatorzième siècle, comme il résulte des belles études de M. Duhem sur la Science au Moyen Age, il y eut, à l'Université de Paris, une vive réaction contre la physique et la mécanique d'Aristote; à ce mouvement se rattache le nom de Buridan, dont les vues sur la dynamique contenaient en germe le principe moderne de la conservation de l'énergie. Presque tous ceux qui dissertent sur la Mécanique sont, au quatorzième et au quinzième siècle, des disciples de Buridan; au premier rang de

1. Sur l'histoire de l'influence française en Allemagne, on consultera avec grand profit un livre remarquablement documenté de M. L. Raynaud (Hachette, 1914). Ce livre a paru quelques mois avant la guerre.

ceux-ci figure Nicole Oresme, véritable précurseur de Copernic, dont les idées sur le mouvement des corps célestes dépassaient de beaucoup son temps et qui devança en partie Descartes dans la découverte de la géométrie analytique. Parmi les savants du début du seizième siècle, on doit compter Léonard de Vinci, dont l'œuvre théorique se rattache d'ailleurs aux doctrines de l'Université de Paris. Nous arrivons alors au grand développement des Mathématiques et de la Physique à l'époque de la Renaissance. Les noms de Copernic, Viète, Tycho-Brahé, Stevin, Galilée tiennent une place considérable dans l'histoire de l'Astronomie, de l'Algèbre, de la Statique et de la Dynamique. Un seul nom allemand se présente ici à nous, mais un des plus glorieux de l'Astronomie, celui de Kepler, qui abandonne les mouvements circulaires ou leurs combinaisons pour représenter les trajectoires des astres, et, utilisant les observations de Tycho-Brahé, découvre, après dix-huit années de pénibles et laborieux calculs, les lois célèbres relatives aux planètes.

Aux dix-septième et dix-huitième siècles, nous trouvons un nouvel apogée de l'influence Française en Allemagne. Dans l'histoire des sciences mathématiques et physiques, la France et l'Angleterre tiennent alors sans conteste la première place. On a beaucoup écrit sur la priorité de Newton et Leibniz comme inventeurs du calcul infinitésimal. La question des algorithmes employés par ces deux grands géomètres est certes de grande importance, mais il ne faut pas oublier le mot si juste de Lagrange dans son Calcul des Fonctions. « On peut regarder Fermat comme le premier inventeur des nouveaux calculs. » Les deux mémoires sur la théorie *de maximis et minimis* et des *tangentes* établissent en effet les droits incontestables du Conseiller au Parlement de Toulouse à l'invention du calcul infinitésimal.

De quelques vues isolées et trop spéciales sur l'Algèbre géométrique, qui remontaient aux Grecs, Descartes fait une doctrine, la géométrie analytique, et il apporte à la théorie des équations algébriques des contributions importantes. On a cherché parfois à rabaisser le rôle de Descartes en Mécanique. C'est oublier qu'il a le premier énoncé la loi d'inertie sous une forme précise. Il a aussi introduit une idée capitale dans la science en affirmant que dans un système isolé, comme nous dirions aujourd'hui, il y a quelque fonction des masses et des vitesses qui demeure constante. Descartes se trompe en envisageant à ce sujet les quantités de mouvement, tandis qu'il faut considérer les projections sur une droite de ces quantités, et Leibniz, qui critique justement Descartes, paraît être le premier à avoir envisagé la combinaison de la masse et de la vitesse représentant la force vive; il n'en reste pas moins que, en mécanique comme en philosophie, Leibniz est un disciple de Descartes. On sait de plus que le grand philosophe Allemand séjourna longtemps à Paris et y subit l'influence de l'illustre Hollandais Huyghens, qui avait créé la dynamique des forces variables, et, dans ses études sur le pendule composé, avait fait en réalité pour la première fois une application du théorème des forces vives au mouvement d'un système matériel.

Les temps étaient mûrs pour que le génie de Newton pût poser définitivement les principes de la dynamique et faire de ceux-ci l'admirable application qui a rendu son nom célèbre, en écrivant dans son livre des *Principes mathématiques de la philosophie naturelle* le premier chapitre de la Mécanique Céleste. Après cette période d'induction, vient une période déductive où le développement mathématique joue un rôle essentiel, période à laquelle se rattachent surtout les travaux de d'Alembert et de Lagrange. Les applications viennent alors nombreuses. Quelle riche moisson en Astronomie théorique nous rappellent les noms de Clairaut, de d'Alembert, de Lagrange, de Laplace. Newton mis à part et hors rang, on peut dire que la Mécanique Céleste est une science presque uniquement Française, avec les grands géomètres que nous venons de citer et auxquels, en continuant jusqu'à nos jours, il faut joindre ceux de Poisson, de Cauchy, de Leverrier, et de Henri Poincaré. Je n'ai garde d'oublier le Suisse Euler, qui fut un des grands analystes de la seconde moitié du XVIIIe siècle, et l'Allemand Gauss, illustre dans tant d'autres domaines; si grande que soit leur œuvre astronomique, elle ne renferme cependant pas en Mécanique Céleste les mêmes découvertes capitales que celles d'un Lagrange ou d'un Laplace.

Je ne puis insister ici sur le domaine abstrait des Mathématiques pendant le dix-neuvième siècle. Il faut citer cependant, parmi ceux qui ont ouvert les voies les plus fécondes, Cauchy, Galois, Gauss, Abel et Fourier. Le premier, en créant la théorie des fonctions de variables complexes, a donné une vie nouvelle à l'Analyse mathématique, et, en ce sens, les travaux les plus modernes relèvent de lui ; c'est ce qu'on oublie souvent en Allemagne. On doit les notions les plus essentielles sur la théorie des groupes à Galois, qui en a fait d'admirables applications à la théorie des équations algébriques, et ces notions ont pu être transportées plus tard en Analyse. Le nom de Gauss, à qui la géométrie infinitésimale doit de grands progrès, domine surtout la théorie moderne des nombres, déjà explorée avant lui avec éclat par Fermat, Lagrange et Legendre. Cette science du discontinu, si difficile pour nos esprits habitués par les phénomènes naturels à l'idée de continuité, a été souvent appelée la reine des mathématiques; ce fut plus tard un des grands mérites d'Hermite d'introduire le continu dans certaines questions d'arithmétique supérieure. Les travaux sur les fonctions elliptiques et sur des transcendantes plus générales ont rendu célèbre le nom du Norvégien Abel. Quant à Fourier, son ouvrage sur la théorie analytique de la chaleur a fait époque en physique mathématique ; il contient le germe des méthodes employées dans l'étude des équations différentielles auxquelles conduisent de nombreuses théories physiques, et les séries qui portent le nom de Fourier ont fait l'objet d'immenses généralisations.

Dans l'Astronomie d'observation, on trouve, pour les temps modernes, les véritables pionniers dans les pays latins ou anglo-saxons. Sans remonter jusqu'à Galilée, indiquons seulement parmi les fondateurs de cette branche si captivante de la science : Bradley, qui découvrit l'aberration, d'après laquelle chaque étoile semble décrire annuellement une très petite ellipse, et la nutation, qui est une oscillation de l'axe terrestre d'environ 18 ans, puis l'infatigable observateur que fut William Herschell, dont les puissants télescopes sondèrent avec tant de succès les profondeurs du ciel, et à qui l'on doit la découverte de la translation du système solaire. Nous pouvons rattacher à notre pays le Danois Roemer, qui séjourna longtemps en

France et à qui l'observation des satellites de Jupiter révéla que la lumière a une vitesse finie. Le nom de l'Astronome Allemand Bessel doit être rappelé ici pour ses travaux sur les étoiles doubles et sur la mesure de la parallaxe d'une étoile de la constellation du Cygne, ce qui faisait connaître, pour la première fois, la distance d'une étoile à la terre. Dans le monde plus lointain encore des nébuleuses, l'astronome Anglais Huggins ouvre une voie nouvelle par ses observations sur les nébuleuses planétaires ; il mesure aussi le premier la vitesse avec laquelle une étoile s'éloigne ou se rapproche de la terre.

En physique générale, deux principes dominent l'énergétique. Sous leur forme thermodynamique primitive, le premier principe ou principe de l'équivalence de la chaleur et du travail est attribué généralement au médecin Allemand Robert Mayer; le second, concernant la dégradation de l'énergie, est le principe de Carnot. Toutefois l'histoire du premier principe serait à reviser. Tout d'abord les expériences de Rumford sur l'échauffement produit dans le forage des canons conduisaient à l'idée de l'équivalence de la chaleur et du travail, et il en est de même des expériences de Davy sur le frottement l'un contre l'autre de deux morceaux de glace. Mais c'est dans l'ouvrage publié sur les Chemins de fer par Seguin, l'inventeur des chaudières tubulaires, en 1839, c'est-à-dire quatre ans avant le travail de Mayer, que l'on rencontre des vues précises sur le premier principe de la thermodynamique, et même un calcul sur l'équivalent mécanique de la chaleur présentant une grande analogie avec celui du médecin allemand. De plus, dix ans auparavant, Carnot, modifiant ses vues sur le calorique, avait nettement indiqué le premier principe dans des notes trouvées après sa mort survenue en 1832, mais qui ne furent publiées que longtemps après. Il est donc légitime de regarder Sadi Carnot (qui était le fils aîné de Lazare Carnot) comme le créateur de la thermodynamique. En fait, comme l'a dit un bon juge, Lord Kelvin, dans toute l'étendue du domaine des sciences, il n'y a rien de plus grand que l'œuvre de Sadi Carnot. Il faut placer très haut Joule, Clausius et Helmholtz, mais Carnot les domine tous.

En optique, Young et surtout Fresnel développent avec éclat l'optique ondulatoire entrevue par Huyghens. Quel merveilleux chapitre de la physique que celui de l'optique des interférences et de la polarisation, où tant de physiciens français et anglais ont fait, après Fresnel, de si remarquables découvertes. En Allemagne, nous devons citer ici Kirchoff, dont le nom est attaché à l'analyse spectrale et à l'étude des lois du rayonnement.

Dans l'histoire de l'électricité, l'Italie, la France, l'Angleterre tiennent le premier rang avec Volta construisant la pile électrique, avec Ampère trouvant les lois de l'action des courants sur les courants, avec Faraday découvrant l'induction électrique. Plus récemment, le génie de Maxwell fonde l'électro-optique ; grâce à lui, les phénomènes électriques et les phénomènes lumineux ne nous apparaissent plus comme deux mondes distincts. Dans l'étude des nouveaux rayonnements, rayons cathodiques, rayons de Becquerel et autres, la part des physiciens Anglais et Français est prépondérante. La découverte du radium par Curie nous a montré la matière dans des conditions d'instabilité jusque-là insoupçonnées. Seul le chapitre des rayons X ou rayons de Röntgen fut ouvert en Allemagne.

Dans la fondation de la chimie moderne, Lavoisier occupe une place à part. Un grand nombre de faits avaient été accumulés depuis un siècle et la découverte des principaux gaz, hydrogène, oxygène, azote, chlore, venait d'être affectuée par les Anglais Cavendish et Priestley, et le Suédois Scheele. Lavoisier prend tous ces résultats antérieurs comme point de départ de ses expériences, et, en les interprétant convenablement, il constitue la chimie moderne. Sa manière d'envisager la combustion en général constitue une véritable révolution scientifique. Après lui Dalton, Humphry Davy, Berzelius, Gay-Lussac, Dumas, Gerhardt ont été de grands créateurs. Aux chimistes Allemands Richter et

Wenzel se rattache la doctrine des équivalents chimiques, tandis que la théorie atomique proprement dite, dont la fécondité est si grande, trouve son origine dans les travaux de Dalton et dans ceux de Gay-Lussac. Les conceptions si simples d'Haüy sur le matière cristallisée lui font découvrir les lois fondamentales de la cristallographie.

La mécanique chimique et la chimie physique relèvent de la statique chimique de Berthollet qui a montré que, dans les réactions chimiques, il faut tenir compte des conditions physiques. Dulong montrait ensuite que, dans la décomposition des sels, peut intervenir la masse des réactifs. Puis viennent les travaux de Berthelot sur l'étherification, et de Sainte Claire Deville et de ses élèves sur la dissociation. Les notions ainsi acquises d'équilibre chimique et de transformation réversible ont été depuis lors l'objet d'un nombre immense de recherches, où l'Allemagne a apporté sa part, mais n'a pas en somme introduit les idées essentielles. La mécanique chimique et la chimie physique ont trouvé leur plus grand théoricien dans l'Américain Willard Gibbs qui, dès 1873, faisait connaître des résultats généraux sur les équilibres chimiques et sur la dissociation, retrouvés depuis de divers côtés par une voie indépendante.

Dans les sciences naturelles, l'orientation des recherches a été changée depuis Lamarck et

Darwin. La biologie tout entière est dominée aujourd'hui par l'idée d'évolution, idée qui fut d'ailleurs un ferment puissant dans d'autres domaines, comme la philosophie et l'histoire. Lavoisier doit être compté parmi les grands physiologistes; il a le premier assimilé la respiration pulmonaire à une combustion. Bichat a fondé l'anatomie Générale et a été le créateur de la science des tissus. On a pu dire de Claude Bernard qu'il fut la physiologie elle-même; c'est surtout à lui que la physiologie est redevable de la démonstration de la nature physico-chimique des actes élémentaires de l'organisme, et un de ses plus beaux titres de gloire est d'avoir créé la physiologie cellulaire, base principale de la physiologie générale. Il a été aussi l'initiateur de la doctrine des sécrétions internes dont Brown-Sequard montra ensuite la véritable portée, et ses travaux pathologiques ont apporté une large contribution au développement de la médecine expérimentale.

L'œuvre de Cuvier est immense; ses trois grands ouvrages sur l'Anatomie Comparée, sur les ossements fossiles, et sur la distribution du règne animal d'après son organisation ont transformé les sciences zoologiques. Le souvenir est resté des débats célèbres entre Cuvier et un autre grand naturaliste du siècle dernier, Geoffroy Saint-Hilaire, qui fonda l'embryogénie. Un peu plus tard en Allemagne, l'embryologie comparée se développe avec von Baer, et Schwann établit la théorie cellulaire. Dans certaines sciences spéciales, comme l'histologie et la cytologie, à la suite d'observations fondamentales faites ailleurs, des progrès importants sont réalisés en Allemagne, grâce à l'excellence des techniques et au nombre considérable des chercheurs.

Le nom de Pasteur vient se placer à côté, sinon au-dessus, de ceux de Lamarck, de Darwin, et de Claude Bernard. Ses travaux sur les fermentations ont orienté la biologie dans des voies inattendues et son œuvre a en médecine des prolongements indéfinis. Les perfectionnements apportés en Allemagne aux méthodes de culture microbienne ont permis de faire de très intéressantes découvertes, mais les idées et les faits essentiels apportés depuis Pasteur dans le domaine auquel se rattache le nom de ce grand bienfaiteur de l'humanité, tels que la phagocytose, la bactériolyse et l'hémolyse, l'anaphylaxie, sont dus à des savants Russe, Belge, Français.

On voit assez, par l'historique rapide qui précède, combien peu la science allemande est fondée à prétendre à l'hégémonie universelle. Si important qu'ait été l'apport de l'Allemagne, nous ne sommes pas injuste en constatant que les grandes idées directrices sont le plus souvent venues d'ailleurs. L'Allemagne sans doute a eu des chercheurs de génie, et personne ne se donnera le ridicule de vouloir diminuer un Gauss, un Clausius, un Kirchoff ou un Helmholtz, mais il faut une singulière complaisance pour croire que l'Allemagne tient le premier rang dans les découvertes fondamentales qui ont depuis trois siècles contribué à la formation de la science moderne.

II

C'est donc par une étrange aberration que la race Germanique se proclame seule dans le monde capable de travailler au développement scientifique de l'humanité. Est-il possible de trouver quelques raisons à cette croyance de tant de cerveaux germains en leur supériorité? Sans doute, la démence collective, qui pousse le peuple allemand à se regarder comme un peuple élu chargé par son Dieu de diriger le monde, donne une explication d'ordre général, mais il importe d'indiquer des raisons plus particulières.

On est constamment frappé, en lisant les livres et mémoires des auteurs allemands, de leur prodigieuse incapacité à mettre en lumière les idées essentielles. Les détails accessoires et les points importants sont traités avec la même ampleur, et le lecteur chemine péniblement sans savoir où il va. Il y a là tout d'abord une incapacité de rédaction qui nous choque et rend pénible la lecture de ces travaux, quand bien même ils sont en eux-mêmes intéressants. Souvent, même chez les plus illustres, les idées directrices restent obscures, peut-être à dessein.

Tel Gauss dans ses recherches profondes sur la théorie des nombres, dont plus d'un passage constitue une énigme à déchiffrer. Il en est de même chez Weierstrass, puissant penseur mathématique assurément, mais qui semble craindre de montrer à ses lecteurs de trop vastes horizons et les conduit en tenant une lanterne sourde. Avec quel plaisir on revient, après la lecture d'un texte scientifique allemand, à un mémoire clair et lumineux de Lagrange, à un livre de J.-B. Dumas ou de Claude Bernard! Je n'ose décider dans quelle mesure la langue allemande contribue aux défauts signalés plus haut. Il se peut que la formation de mots composés, où le rapport entre les composants est si mal défini, joue là un certain rôle; il est étrange en tous cas que, depuis Fichte, les Allemands trouvent dans cette agglutination un signe de supériorité, mais nous devons nous incliner, la langue allemande étant, d'après ce célèbre philosophe, une langue mère (Muttersprache), tandis que les langues néo-latines sont des langues dérivées et, par suite, inférieures.

D'une manière plus générale, dans un ensemble un peu vaste, l'Allemand juge mal de l'importance relative des questions. C'est ce qu'on ne voit que trop dans les encyclopédies et les résumés pour lesquels il a tant de prédilection, et dont plus d'un fausse l'histoire des sciences dans l'esprit de ceux qui leur accordent toute confiance. Bien entendu, ces sortes d'ouvrages ont fréquemment le souci de glorifier la science allemande, mais, même quand ils sont faits avec impartialité, ils sont souvent inutilisables, confondant dans une même citation des mémoires fondamentaux souvent très courts et de longues dissertations qui n'ont pas amené un progrès réel. Ce défaut dans l'estimation de la valeur scientifique a conduit à apprécier la quantité aux dépens de la qualité, et l'Allemagne étant sans conteste le pays où les presses des imprimeries scientifiques travaillent le plus, la science allemande s'est estimée *au-dessus de tout*.

La difficulté à juger de l'importance réelle des problèmes fait parfois attacher un grand prix à des questions purement formelles sans intérêt pour le fond. Par un simple changement de forme ou une légère modification expérimentale, on croit faire une grande découverte. Citons de ce formalisme un exemple pris dans les éléments de l'arithmétique. On sait qu'il existe des nombres incommensurables, c'est-à-dire des nombres qui ne peuvent s'exprimer par le rapport des deux nombres entiers. Le fait est connu depuis les Pythagoriciens, qui démontrèrent que le rapport entre le côté d'un carré et sa diagonale était incommensurable. Ce fut même pour eux un grand scandale, car ils professaient qu'il existe un atome de longueur, ce qui entraînait la commensurabilité du rapport de deux longueurs quelconques. A lire certains traités allemands d'arithmétique, il semblerait que personne n'ait jamais rien compris aux incommensurables avant que tel géomètre allemand contemporain eût fait une longue exposition de la question déjà traitée en ses points essentiels dans d'anciens livres d'arithmétique. Nous trouvons là un exemple de cette manie de ratiociner et de rendre obscures les choses claires, qui est une des caractéristiques du pédantisme germanique.

Avec les particularités de l'esprit allemand que nous venons de signaler, on ne sera pas étonné de la façon dont est souvent traitée l'histoire des sciences de l'autre côté du Rhin. J'ai déjà dit que en Allemagne on ne rendait pas à notre grand géomètre Cauchy la justice qui lui est due; je pourrais faire la même remarque pour les théorèmes généraux de Liouville et d'Hermite sur les fonctions doublement périodiques, que l'on rattache, sans les citer, aux travaux de Weierstrass, et le moment approche où le nom de Henri Poincaré passera au second rang dans l'histoire des fonctions fuchsiennes qui sont une de ses plus belles créations. Dans un autre ordre d'idées, on sait que, pendant longtemps, la géodésie a été une science essentiellement française; dès le dix-septième siècle des mesures d'arc de méridien furent exécutées en France, et c'est chez nous que fut établi le système métrique. Des opérations géodésiques de plus en plus précises ont été faites depuis dans de nombreux pays, et cette science spéciale a pris un caractère international ; mais ce n'est pas une raison pour en oublier l'histoire, comme on le fait souvent en Allemagne, ni pour chercher à accaparer les travaux faits ailleurs.

Lavoisier est, pour la grande majorité des chimistes, le fondateur de la chimie moderne. Il en va autrement en Allemagne, où on cherche à diminuer son rôle. On insiste d'abord sur ce qu'il n'a pas découvert les principaux gaz de la chimie pneumatique; ce à quoi il n'a jamais prétendu, quoiqu'un chimiste allemand, trop célèbre depuis quelques mois, affirme que, Priestley ayant fait part à Lavoisier de sa découverte de l'oxygène, le chimiste français publia alors un mémoire où il s'attribuait l'honneur de la découverte de ce gaz. L'édification de la théorie de la combustion est le grand titre de gloire de Lavoisier. Or, la théorie du phlogistique de Stahl, écrit-on, avait déjà résolu ce qu'il y avait d'essentiel, en montrant qu'il s'agissait de phénomènes généraux et réciproques, combustion et régénération ou oxydation et réduction; elle avait offert en outre un excellent guide à des expérimentateurs comme Scheele et Priestley. En fait, ajoute-t-on, on passe de la théorie de Stahl à celle de Lavoisier par une simple transposition, et un peu plus on remarquerait, en employant le langage de l'algèbre et donnant le signe moins au phlogistique, qu'il est équivalent de retrancher une quantité négative ou d'ajouter une quantité positive. Outre le désir de diminuer un savant français, il y a dans ces vues un produit d'une mentalité philosophique très répandue chez nos voisins, dont nous parlerons tout à l'heure.

Nous avons dit plus haut que les travaux de Henri Sainte-Claire-Deville sur la dissociation sont fondamentaux dans l'histoire de la physico-chimie : ils offrent de nombreux exemples de ces équilibres réversibles qui jouent un si grand rôle dans la chimie actuelle. Aussi est-ce avec quelque étonnement que, dans des œuvres de vulgarisation estimées, on ne rencontre pas le nom de Deville. Il est souverainement injuste d'oublier le rôle des chimistes Français dans la fondation de la chimie physique, que maintenant l'Allemagne voudrait faire passer pour une de ses créations. Que d'idées nouvelles alors furent à ce sujet émises chez nous, depuis les temps déjà lointains (1839) où Gay-Lussac comparait le phénomène de la dissolution à celui de la formation des vapeurs, et où un chimiste Français écrivait (1870) que la force osmotique est l'analogue de la force élastique des vapeurs. On sait que la découverte d'une membrane semi-perméable par un botaniste allemand permit plus tard au Hollandais van't-Hoff de faire ses expériences sur l'osmose.

L'histoire des sciences est singulièrement difficile à écrire. On y rencontre beaucoup de fausses attributions et de silences parfois intentionnels ; il faut une grande sagacité et des recherches patientes pour retrouver les premières traces d'une idée appelée à un grand avenir. Une grande finesse d'esprit est ici nécessaire pour éviter deux écueils. Une constatation due à un pur hasard, inconsciente en quelque sorte, ne doit pas être mise sur le même rang qu'une découverte amenée par un heureux pressentiment qu'on pourrait appeler le sens du vrai et par des déductions bien liées. Un illustre physicien, mort il y a une vingtaine d'années, avait coutume de distinguer à ce sujet entre les trouvailles et les découvertes. Il importe en second lieu que les revêtements donnés à tel ou tel chapitre de la science ne fassent pas oublier les vrais constructeurs pour ne voir que celui qui a apporté à l'édifice les derniers achèvements ; un nain placé sur la tête d'un géant peut apercevoir des horizons plus étendus, mais il a, à cela, peu de mérite.

On a quelquefois cherché à diminuer l'importance des admirables travaux de Berthelot sur les synthèses, parce que une ou deux synthèses organiques avaient été effectuées avant lui, dont celle de Wöhler sur l'urée en 1829 n'est pas douteuse. Mais la distance est immense entre un fait particulier qui ne se rattachait à aucune idée générale et les vues profondes du chimiste Français, systématiquement poursuivies.

A l'opposé, le nom de Pasteur n'est pas cité dans certains cours de bactériologie, et les Allemands aiment à remplacer son nom par celui de Koch. Certes, celui-ci fut un chercheur patient et sagace, qui débuta brillamment par la découverte des spores de la bactéridie charbonneuse, et les bactériologistes lui doivent d'excellents outils de travail, comme la méthode des cultures sur milieux solides et de nouveaux procédés de coloration, techniques qui lui permirent de découvrir le bacille tuberculeux, agent de la redoutable maladie dont le médecin français Villemin avait, dès 1865, montré la nature contagieuse, et le bacille virgule, cause du choléra Asiatique. Mais, quelque intéressant que soit le rôle de Koch dans la bactériologie médicale, ses travaux ne sont venus qu'après ceux de Pasteur sur les fermentations, et il n'a pas été un initiateur.

Méfions-nous donc des renseignements que nous donnent les Allemands sur l'histoire des sciences. Ils manquent trop de finesse pour lui apporter une contribution d'une indiscutable valeur, et leur orgueil prodigieux vicie d'avance une partie de leurs conclusions. Il semble que nous ne puissions pas, en France, nous adresser le reproche d'oublier les publications allemandes. Peut-être le reproche inverse serait-il plus fondé. Nous avons souvent montré des engouements peu justifiés pour certaines méthodes d'outre-Rhin, consacrant par nos éloges des travaux de second et de troisième ordre. Assurément, ces admirations au moins exagérées n'ont pas été aussi regrettables ni aussi dangereuses dans l'ordre proprement scientifique qu'en histoire et en philosophie, mais elles risquaient à la longue de nous faire perdre quelques-unes des traditions scientifiques auxquelles nous devons le plus tenir, et nous devrons reviser quelques-uns de nos jugements. Ce sera la tâche de demain.

III

Demandons-nous maintenant s'il n'y aurait pas quelque différence entre la mentalité moyenne de l'homme de science en Allemagne et dans la plupart des autres pays. Une telle différence me paraît réelle et est d'ordre philosophique. Quelle est en général, toutes exceptions réservées, la position des savants dans les pays latins et anglo-saxons par exemple, par rapport aux problèmes philosophiques, principalement parmi les savants adonnés aux sciences de la nature, physiciens, chimistes et biologistes. On peut dire qu'ils s'en désintéressent en tant que savants ; en particulier, les discussions chères aux écoles philosophiques de tous les temps sur le réel et le vrai leur semblent oiseuses. Satisfait du sens commun, notre savant pose tout d'abord le postulat que le monde qui nous entoure est accessible à nos recherches et qu'il doit être intelligible pour nous il croit à la science à laquelle il consacre parfois sa vie, et il se méfie des critiques subtiles qui n'ont jamais conduit à des découvertes effectives ; il estime qu'il est sans intérêt de s'arrêter sur les inextricables difficultés que présentent les notions les plus simples et les plus usuelles quand on veut les approfondir et qui restent sans réponses, du moins sans réponses acceptées de tous. Claude Bernard disait, il y a longtemps, que, pour faire la science, il faut croire à la science ; c'est là, incontestablement, pour celui qui cherche à faire œuvre scientifique, un point de départ, et non un point d'arrivée. Il existe aujourd'hui une mentalité scientifique moyenne, caractérisée par l'admission des postulats énoncés plus haut, et l'écho de discussions, qui ont parfois laissé l'impression qu'il y avait une crise de la science, n'est pas sans provoquer quelque impatience dans nos laboratoires.

Nous avons dit tout à l'heure que le point de départ de la science est dans le sens commun. La première affirmation du sens commun est sans doute celle de l'existence d'objets extérieurs à notre conscience ; c'est un point dont, en général, un physicien ou un chimiste ne doute pas, si compliquée que puissent lui paraître l'idée de matière. Il ne s'embarrasse pas non plus des nombreuess théories de la perception et croit naïvement n'avoir aucune difficulté à atteindre les données immédiates de la conscience.

Quand on parle de sens commun, il s'agit des époques historiques et des peuples civilisés. Ce sens commun a eu probablement son histoire. Il est possible que, dans l'humanité, des très anciennes façons de penser aient survécu, malgré tous les changements postérieurs survenus dans les conditions des hommes, et on peut soutenir la thèse que nos conceptions fondamentales sur les choses sont des découvertes résultant d'observations et d'expériences inconscientes faites par certains de nos ancêtres à des époques extrêmement éloignées, et qui ont réussi à se maintenir à travers les siècles postérieurs. Ces conceptions forment le stade du sens commun. Ainsi auraient pris naissance les concepts de *chose*, de *temps*, *d'espace*, *d'influences causales*, de *réel*, et de bien d'autres suivant lesquels continue à penser tout homme qui n'est pas atteint de crise métaphysique ou de scepticisme aigu. La notion du réel notamment a été lentement acquise par une suite innombrable d'expériences; elle n'est pas d'ailleurs seulement individuelle, mais a une signification sociale, en ce qu'elle exige un consensus universel dans une humanité moyenne, pouvant être différente pour les fous et les hommes d'esprit sain.

C'est donc en partant du sens commun, devenu le moule dans lequel évolue la pensée humaine, que s'est développée la science. Aussi a-t-on pû dire très justement que la science était le prolongement du sens commun, la connaissance scientifique n'étant pas en nature différente de la connaissance vulgaire, ce qui n'exclut pas que la science puisse de loin en loin rectifier le sens commun. Parmi les données du sens commun, nous avons déjà mentionné la notion du réel, dont la connaissance a pu avoir primitivement une valeur d'utilité, l'utile et le vrai s'étant trouvés voisins dans ce stade inférieur. Quoi qu'il en soit de cette question d'origine, la science a commencé précisément quand ce premier stade a été dépassé, et qu'on s'est représenté le monde extérieur comme un tout cohérent, accessible à notre intelligence ; c'est le premier article du credo scientifique dont je parlais plus haut. Sans doute ce tout est d'une effroyable complication ; il a fallu abstraire certains éléments pour n'en conserver que quelques-uns, mais sans perdre de vue le contact des choses. Le sens commun, qui contient le sens du réel, a pour terme ultime et complètement élaboré le bon sens que Descartes regardait comme la chose du monde la mieux partagée, et qui nous conduit à bien juger et à distinger le vrai d'avec le faux. Rappelons aussi le rôle qu'a dû jouer dans l'élaboration du sens commun le principe de simplicité ; il y a là une notion aussi féconde que vague, par laquelle nous nous laissons guider, et qui tend à produire en nous un sentiment de certitude.

Je viens d'essayer de caractériser la mentalité moyenne de l'homme de science qui croit saisir et étudier le réel. Ce tableau s'applique-t-il complètement aux savants allemands ? Il semble que non, au moins pour ceux d'entre eux, assez nombreux, qui restent imprégnés de subjectivisme Kantien. On sait que Kant, dans *la Critique de la Raison pure,* reprend sous une forme plus précise les vieilles allégations des sophistes grecs, d'après lesquelles « l'homme est la mesure de toutes choses, de celles qui sont en tant qu'elles sont et de celles qui ne sont pas en tant qu'elles ne sont pas », comme disait Protagoras. D'après le philosophe de Kœnigsberg, nous ne voyons les choses qu'à travers les formes de notre sensibilité et les catégories de notre entendement. Ces écrans interposés, et dans une certaine mesure arbitraires, comme le montre le développement de divers systèmes dérivés plus ou moins directement du Kantisme, peuvent troubler singulièrement notre notion du réel et du vrai, telle que nous l'avons envisagée plus haut en partant du sens commun. Quelques-uns en sont ainsi arrivés à regarder la vérité non comme une découverte, mais comme une invention. Il y a là, au point de vue scientifique, quelque chose de très dangereux.

Kant lui-même, très peu au courant des éléments des mathématiques et des études faites déjà de son temps sur les principes de la géométrie, fut singulièrement malheureux quand il fit à la géométrie l'application de ses idées philosophiques. Pour lui, l'espace est seulement une forme *a priori* de notre intuition extérieure. Il est difficile de souscrire à cette affirmation depuis que le géomètre Russe Lobatschewsky a prouvé que notre entendement peut concevoir un nombre indéfini d'espaces caractérisés chacun par une constante spatiale. Il n'y a pas en géométrie de jugements synthétiques *a priori*, et Euclide était mieux inspiré que Kant en parlant de postulats. Quelques-uns de ces postulats sont en accord avec les expériences faites lentement par l'homme à travers les âges. Il est impossible de séparer l'acquisition des notions géométriques et celle des notions physiques les plus simples, la géométrie dans des temps très anciens ayant fait partie de la physique. Sans changer l'ensemble de ces notions, on ne peut remplacer la géométrie Euclidienne par une autre géométrie et c'est un pur jeu d'esprit que d'imaginer un homme transporté subitement dans un autre milieu, où, n'étant pas adapté, il commencerait sans doute par mourir. Nous retombons ainsi sur le point de vue du sens commun, tel qu'il a été envisagé plus haut. Nous devons alors regarder comme un fait expérimental que la constante spatiale, figurant dans les géométries non euclidiennes (la courbure de l'espace) a une valeur nulle; en ce sens, le système euclidien est plus vrai que les autres systèmes géométriques. C'était aussi, je dois le dire, le point de vue du géomètre allemand Gauss, dont nous avons déjà prononcé le nom à plusieurs reprises, et qui était arrivé de son côté, mais sans les publier, aux résultats de Lobatchewsky sur les géométries non euclidiennes.

C'est une tendance de la science allemande de poser *a priori* des notions et des concepts, et d'en suivre indéfiniment les conséquences, sans se soucier de leur accord avec le réel, et même en prenant plaisir à s'éloigner du sens commun. Que de travaux sur les géométries les plus bizarres et les symbolismes les plus étranges pourraient être cités ; ce sont des exercices de logique formelle, où n'apparaît aucun souci de distinguer ce qui pourra être utile au développement ultérieur de la science mathématique. Car il en est dans les mathématiques pures comme dans les sciences de la nature. Il y a des études qui ne se présentent pas comme arbitraires, et dont le mathématicien doué de quelque pénétration devine l'intérêt pour la solution de problèmes posés depuis longtemps ou se présentant naturellement ; il y a comme une sorte de réalité mathématique, dont Hermite parlait un jour dans un très beau langage, où, à côté d'une vue réaliste au sens de la scolastique, apparaît le souci du contact de la mathématique avec le réel, quand il disait : « Il existe, si je ne me trompe, tout un monde qui est l'ensemble des vérités mathématiques, dans lequel nous n'avons accès que par l'intelligence, comme existe le monde des réalités physiques ; l'un et l'autre indépendants de nous, tous deux de création divine, qui ne semblent distincts qu'à cause de la faiblesse de notre esprit, qui ne sont pour une pensée plus puissante qu'une seule et même chose, et dont la synthèse se révèle partiellement dans cette merveilleuse correspondance entre les Mathématiques abstraites d'une part, l'astronomie et toutes les branches de la physique de l'autre. »

Des observations analogues s'appliquent aux sciences physiques et biologiques. Il y a quelque parenté entre le criticisme Kantien et une sorte d'indifférence avec laquelle plusieurs, quoi qu'ils en aient, ont envisagé le rôle des théories physiques. C'est ainsi, nous en avons déjà parlé plus haut, que l'on s'est attardé au principe vague du phlogistique, en le donnant au besoin d'une pesanteur négative, la théorie de Lavoisier apparaissant comme une transposition plus ou moins indifférente de celle de Stahl. Le besoin de poser quelque chose *a priori* procède essentiellement de Kant. Celui-ci ne déclarait-il pas que la science de la nature ne mérite ce nom que lorsqu'elle traite son objet entièrement d'après des principes *a priori*. Ainsi, en physique, des expériences en petit nombre, quelquefois contestables, conduirent à poser des principes dépassant tellement par leur généralité les faits dont on est parti qu'on peut les qualifier d'*a priori* ; on en déroule impitoyablement les conséquences sans se soucier de les confronter avec la réalité ou sans pouvoir le faire.

Prenons comme exemple de cet esprit de

système une question qui occupe beaucoup les physiciens-géomètres depuis quelques années, celle de la relativité. D'après ce qu'on appelle aujourd'hui en physique le principe de relativité, aucune expérience, optique ou électrique, faite à la surface de la terre ne permet de mettre en évidence le mouvement de translation de celle-ci. On généralise ainsi les résultats de trois expériences négatives faites en Amérique et en Angleterre. Si on se reporte alors aux équations générales de l'électrodynamique actuellement admises, on est conduit à d'étranges conséquences pour pouvoir expliquer le principe de relativité. Qu'un système soit en repos ou en mouvement, ces équations doivent conserver la même forme ; on en conclut que celles-ci restent invariables quand on effectue sur les coordonnées d'un point de l'espace et le temps un certain groupe de transformations. En langage ordinaire, ceci veut dire que dimensions et temps changent avec le mouvement du système. Un même objet mesuré par deux observateurs qui se meuvent uniformément l'un par rapport à l'autre n'a pas la même longueur. Des conséquences analogues existent pour l'intervalle de temps entre deux événements : simultanés par exemple pour certains observateurs, les mêmes événements cessent de l'être pour d'autres observateurs en mouvement par rapport aux premiers. La simultanéité a un caractère relatif comme les valeurs des longueurs et des temps. Ainsi nos vieilles notions de sens commun seraient à reviser. Mais certains savants allemands déroulent avec satisfaction les conséquences du principe posé. D'autres, avant de rejeter les idées traditionnelles de l'humanité sur l'espace et le temps, auraient passé au crible d'une critique extrêmement sévère nos idées sur l'éther ainsi que les équations concernant l'électro-magnétisme et le mouvement des électrons, obtenues grâce à des hypothèses assez contestables. Au lieu de continuer à faire des exercices de mathématiques et de développer des considérations d'ordre métaphysique, il vaudrait mieux tenter des expériences nouvelles d'un autre type que celles pour lesquelles la théorie a été construite.

On pourrait citer, dans certaines parties de la chimie, d'autres cas analogues, où des théories sont développées sans qu'il soit possible d'établir aucune confrontation précise avec la réalité. L'Allemagne n'a pas cessé, depuis Schelling, d'aimer les vagues spéculations sur la philosophie de la nature et les schématismes vides de sens.

C'est surtout en biologie que la tentation est forte de partir de principes *a priori* [1]. Au lieu

1. Dans une thèse soutenue en 1913, M. René Lote a étudié « Les origines mystiques de la Science Allemande », particulièrement en chimie et dans les sciences naturelles (Paris, Alcan).

de procéder par généralisation de faits observés, on part de conceptions abstraites auxquelles on veut plier l'être vivant. Les Allemands aiment à regarder Gœthe comme un des fondateurs du transformisme. Il est exact que, dans son ouvrage sur les Métamorphoses des plantes, Gœthe considéra tous les organes d'une plante comme provenant de la métamorphose d'un seul d'entre eux, la feuille; de même en zoologie, il créa la théorie vertébrale du crâne, d'après laquelle la boîte cranienne est la continuation de la colonne vertébrale et est composée de vertèbres ayant subi certaines modifications. Il parla même de l'action du milieu. Mais les mots ne doivent pas faire illusion. Il y a une différence profonde entre les conceptions de Gœthe et celles de Lamarck. Pour Gœthe, tout ne se réduit pas à l'adaptation au milieu. On peut conclure de plusieurs passages de ses Œuvres qu'il se rattachait à la doctrine connue aujourd'hui sous le nom de préformation, d'après laquelle les transformations dérivent d'une force interne, dirigeant les modifications dans un sens déterminé à l'avance. Quelque intéressantes que puissent être les vues de Gœthe, elles n'ont, en réalité, qu'un rapport purement verbal avec la doctrine Lamarckienne des transformations directement provoquées par les actions réciproques entre les êtres vivants et le milieu. Aucune science ne prête, comme la biologie, à l'introduction de substances ou de forces uniquement créées pour donner l'illusion d'une explication, sans qu'une confirmation expérimentale soit possible. Avec son amour des solutions formelles, la science allemande a ainsi édifié certaines doctrines plus philosophiques que biologiques, que des critiques sévères tendent chaque jour à ruiner.

Stendhal écrivait, il y a longtemps, au sujet des Allemands : « Moins ils ont à dire, plus ils étalent leur grand magasin de principes logiques et métaphysiques. La vérité n'est pas pour eux ce qui est, mais ce qui, d'après leur système, doit être. » Cette phrase peut s'appliquer à maints livres scientifiques allemands, où la pauvreté des résultats est masquée par un insupportable verbiage philosophique.

Nous avons indiqué combien la thèse de *la Critique de la Raison pure* de Kant avait exercé une mauvaise influence sur certaines disciplines scientifiques. On pourrait rattacher à *la Critique de la Raison pratique* les tendances formalistes de la science allemande. Dans une conférence récente, faite à la British Academy, M. Boutroux remarquait que la notion du devoir comme impératif catégorique purement formel, c'est-à-dire vide de tout contenu, dépourvu de toute matière, est d'une application singulièrement dangereuse [1]. Dans l'ordre scien-

1. L'illustre philosophe développe comme il suit sa pensée : « Dans la vie réelle on ne peut se contenter d'un vouloir purement formel ;

tifique, l'abus de notions purement formelles, ne conduisant à aucune conséquence contrôlable, n'est pas moins à redouter : nous en avons donné quelques exemples.

Dans les sciences, l'esprit d'invention ne se trouve guère dans le grand magasin de principes logiques et métaphysiques, dont parlait Stendhal. Nous ne pouvons donc nous étonner de l'avoir assez rarement rencontré en Allemagne, en rappelant l'histoire des découvertes scientifiques. L'esprit d'invention sait s'écarter à propos de la voie des déductions logiques, il exige une aptitude à saisir des rapprochements entre diverses catégories de faits et demande un sens aigu du réel, tel que nous l'avons envisagé plus haut, et qui n'a rien à voir avec une réalité que l'on prétend construire soi-même. Les doctrines philosophiques, qui ont nui aux progrès de la science allemande pendant une partie du siècle dernier, ont peut-être aujourd'hui moins d'influence directe chez les savants, mais il en est resté une mentalité qui conduit à cet esprit de système et à ces vues spéciales sur la valeur et l'objet même de la science, que nous avons cherché à analyser.

il faut nécessairement vouloir quelque chose, il faut insérer quelque matière dans ce moule vide. » Et un peu plus loin, à propos des massacres à la guerre de femmes, de vieillards et d'enfants, il ajoute : « Si cette cruauté est indisciplinée, elle est coupable en tant que violation de la discipline. Si elle a été ordonnée par l'autorité légitime, si c'est une cruauté disciplinée, *eine zuchtmassige Grausamkeit*, c'est un acte juste et méritoire. »

IV

Nous n'avons jusqu'ici envisagé que la science pure, c'est-à-dire la connaissance désintéressée dont le développement continu peut être cité comme un incontestable exemple de progrès de l'humanité. Si nous passons aux applications de la science et aux inventions proprement dites, on peut *a priori* supposer, en pensant au développement gigantesque de son industrie, que l'Allemagne a apporté là les idées les plus originales et les plus fécondes. Or il en est tout autrement, comme le montre la seule nomenclature des grandes applications scientifiques qui, à des titres divers, ont changé les conditions de la vie depuis un siècle. L'Allemagne n'a en rien contribué à l'invention des machines à vapeur, des chemins de fer, de la navigation à vapeur. Il en est de même pour les ballons et les aéroplanes, la navigation sous-marine, la télégraphie électrique, la téléphonie, la télégraphie sans fil, la photographie et bien d'autres que j'omets. Il est inutile de reprendre l'histoire tant de fois racontée de ces applications scientifiques. Même dans les choses de la guerre, qui sollicitent si vivement notre attention à l'heure actuelle, l'Allemagne n'a pas apporté de contribution vraiment originale. La science des explosifs, qui doit son origine à Lavoisier et à Berthollet, fut développée ensuite par deux savants Anglais : Abel et Noble, puis de nouveau en France par Berthelot, et par un ingénieur éminent, notre contemporain, à qui l'on doit la découverte de l'onde explosive et celle de la poudre sans fumée qui révolutionna l'art de la guerre. Pour la partie mécanique de la balistique, on peut rappeler que l'utilité des projectiles oblongs avec rayure des canons fut signalée dès 1760 par l'ingénieur anglais Robins, à qui on doit en outre l'invention du pendule balistique ; on sait que le canon rayé fut effectivement réalisé plus tard en France. Enfin, pour terminer cette nomenclature par un détail, le projectile dont nous entendons si souvent parler, le shrapnel, fut imaginé par un officier anglais Shrapnel qui, il y a un siècle, réalisa avec les boulets alors en usage le genre de projectiles auxquels son nom est resté attaché.

L'histoire nous montre donc que, dans les applications scientifiques comme dans la science pure, l'Allemagne n'a pas témoigné d'une originalité qui doive lui conférer une supériorité sur tant d'autres nations plus inventives ; tout au contraire. Et cependant cette supériorité dans l'industrie et le commerce est réelle ; quant à la croyance à une prétendue supériorité scientifique, elle tient à une confusion entre l'augmentation du rendement scientifique et le progrès réel de la science.

Dans maintes parties de la science, les bonnes méthodes étant une fois trouvées, les applications de ces méthodes ne demandent que de la patience et du soin, et il s'agit alors simplement, par exemple dans les laboratoires, d'avoir un nombre suffisant de bons préparateurs. C'est le rôle que jouent souvent en Allemagne des nombreux travailleurs, élèves et collaborateurs de leurs maîtres, travaillant sous leur direction et développant leurs idées. Les sujets d'études sont ainsi explorés dans tous les sens, et on tire d'une méthode tout ce qu'elle peut donner. De l'effort de ces chercheurs patients ne résulte que rarement un progrès réel de la science, mais le rendement scientifique est considérablement augmenté, et il arrive parfois qu'un produit nouveau intéressant, une heureuse modification dans une technique, des mesures systématiques de constantes physiques et chimiques soient le fruit de telles investigations. La nécessité de grands laboratoires puissamment outillés pour certaines études spéciales pousse naturellement à ces travaux en quelque sorte collectifs, mais ici encore il ne faut rien exagérer. Ne nous laissons pas hypnotiser par les immenses laboratoires. Ils sont assurément désirables dans quelques recherches demandant un outillage compliqué, comme par exemple les recherches aux très basses températures, mais nous ne devons pas oublier que de belles découvertes ont été faites avec un matériel très simple; le colossal, ne conduit pas nécessairement au grand. Sans remonter à l'âge héroïque des recherches de Pasteur dans son modeste laboratoire de la rue d'Ulm, reportons-nous seulement aux expériences fondamentales pour la physique moderne faites avec les tubes de Crookes, aux travaux d'un éminent physicien contemporain sur les radio-conducteurs qui ont été l'origine de la télégraphie sans fil, et aux études faites récemment dans un laboratoire de la Sorbonne sur le dénombrement des molécules.

Dans la science pure, on ne développe guère l'esprit d'invention en faisant travailler sur commande, et il est inutile de grossir le nombre des publications sans intérêt qui encombrent les journaux scientifiques. Trop souvent, ces travaux, qui portent la marque d'un même professeur et qui ne sont qu'une menue monnaie glanée par des élèves médiocres, produisent un agacement que connaissent les lecteurs des périodiques et des thèses d'outre-Rhin. L'esprit souffle où il veut, et les esprits quelque peu originaux sont rebelles à une discipline trop pesante. Les chercheurs bien doués trouvent eux-mêmes leurs sujets d'études dans la lecture trop souvent négligée des œuvres des maîtres de la science, ou bien il suffit d'appeler leur attention sur certaines questions dont la solution paraît pouvoir être fructueusement abordée. Ce n'est pas à dire que ceux qui ont la charge d'esprits à former et à développer ne doivent leur inculquer l'habitude du travail méthodique, mais cela est tout autre chose que de leur donner, sous prétexte de travail scientifique, des devoirs à faire, comme il arrive souvent dans les Universités allemandes.

Dans les applications industrielles de la science et dans le commerce, les conditions sont différentes, et l'organisation systématique rend les plus grands services; c'est ici que de grands laboratoires de science industrielle sont indispensables. Nous ne faisons pas de difficultés pour reconnaître que nous avons là beaucoup à faire. Malgré d'heureuses tentatives, la pénétration ne s'est pas suffisamment établie chez nous entre la science et l'industrie, et les efforts n'ont pas été suffisamment coordonnés. La faute en est sans doute à la fois aux savants et aux industriels, mais cette grave question est trop en dehors du cadre de notre étude pour être abordée ici, et la compétence me manquerait pour la traiter à fond. Elle est d'ailleurs extrêmement complexe, et tient par certains côtés à la politique, particulièrement à la politique financière et fiscale. Rappelons aussi que, en Allemagne, la pensée du *Deutschland uber alles* a été un puissant ferment pour le développement de l'industrie qui s'est élevée ainsi au-dessus des intérêts particuliers et est devenue une affaire nationale, objet de la préoccupation constante des pouvoirs publics; c'est pour les Allemands un des moyens de dominer le monde que de l'asservir à leurs produits. Sans prétentions à la domination universelle, nous saurons, espérons-le, nos alliés et nous, reprendre les places commerciales d'où les Allemands nous ont chassés depuis quarante ans et celles où ils se sont plus récemment installés. Ces conquêtes seront une conséquence nécessaire de la victoire de nos armes et contribueront à réparer les ruines accumulées par la barbarie de nos ennemis [1].

Tout en cherchant une meilleure utilisation de nos forces dans certaines directions et une meilleure organisation, nous laisserons aux Allemands les vues mystiques sur l'Organisation (avec une grande lettre), qui sont en honneur chez eux. Car, là encore, nous retrouvons la philosophie allemande; le concept d'Organisation est aujourd'hui pour quelques docteurs d'outre-Rhin un nouvel impératif que l'Allemagne doit imposer au monde, accompagnement nécessaire de la *Kultur*. Ils appliquent ici les

1. En reconnaissant d'une manière générale la supériorité de l'Allemagne dans l'organisation industrielle et commerciale, je n'oublie pas qu'il y a chez nous des industries où la pénétration désirée s'est pleinement réalisée. Il en est ainsi notamment pour ce qui concerne la mécanique. J'ai parlé plus haut de l'aéronautique et de l'artillerie. Nous avons aussi créé et mis au point l'industrie de la bicyclette et de l'automobilisme, et surtout nous sommes presque les seuls auteurs des progrès récents dans l'art de construire, où nous défions toute concurrence sur les marchés étrangers. Dans plusieurs domaines, c'est bien plus notre organisation commerciale que notre organisation industrielle qui laisse à désirer.

principes de l'énergétique; aussi leur paraît-il indispensable que chacun reste enfermé dans une étroite spécialité, afin de donner son rendement maximum, leur méthode tendant à faire de l'homme une machine. Notre planète doit devenir une vaste usine sous la haute direction d'ingénieurs et de professeurs allemands, en même temps qu'une geôle soumise à la dure surveillance du militarisme germanique. Tel était le but de la guerre actuelle, effroyable vision de barbares savants, dont la réalisation constituerait un immense recul pour l'idéal de civilisation humaine, rêvé par tant de nobles penseurs, d'après lequel chaque nation doit apporter dans l'œuvre commune de l'humanité ses qualités propres, sans qu'aucune prétende à une domination qui ne pourrait que retarder la marche de l'esprit humain. Ce fut même jadis le rêve du plus grand esprit qu'ait produit l'Allemagne, Leibniz, qui s'efforçait de trouver des terrains d'union entre les nations. Mais, hélas! le vieux fonds atavique de race de proie, que fut si souvent l'Allemagne à travers les âges, est remonté à la surface, et tous doivent, en ce moment, s'unir contre un peuple qui, se croyant d'essence divine, prétend s'imposer au monde par la violence.

POITIERS

IMPRIMERIE G. ROY

7, rue Victor-Hugo, 7

[illegible] — Imp. G. Roy, 7, rue Victor-Hugo, 7